前　言

　　文化是一种社会现象，是人类物质文明和精神文明有机融合的产物；同时又是一种历史现象，是社会的历史沉积。当今世界，随着经济全球化进程的加快，人们也越来越重视本民族的文化。我们只有加强对本民族文化的继承和创新，才能更好地弘扬民族精神，增强民族凝聚力。历史经验告诉我们，任何一个民族要想屹立于世界民族之林，必须具有自尊、自信、自强的民族意识。文化是维系一个民族生存和发展的强大动力。一个民族的存在依赖文化，文化的解体就是一个民族的消亡。

　　随着我国综合国力的日益强大，广大民众对重塑民族自尊心和自豪感的愿望日益迫切。作为民族大家庭中的一员，将源远流长、博大精深的中国文化继承并传播给广大群众，特别是青年一代，是我们出版人义不容辞的责任。

　　本套丛书是由吉林文史出版社和吉林出版集团有限责任公司组织国内知名专家学者编写的一套旨在传播中华五千年优秀传统文化，提高全民文化修养的大型知识读本。该书在深入挖掘和整理中华优秀传统文化成果的同时，结合社会发展，注入了时代精神。书中优美生动的文字、简明通俗的语言、图文并茂的形式，把中国文化中的物态文化、制度文化、行为文化、精神文化等知识要点全面展示给读者。点点滴滴的文化知识仿佛颗颗繁星，组成了灿烂辉煌的中国文化的天穹。

　　希望本书能为弘扬中华五千年优秀传统文化、增强各民族团结、构建社会主义和谐社会尽一份绵薄之力，也坚信我们的中华民族一定能够早日实现伟大复兴！

目录

一、古代手工业概况

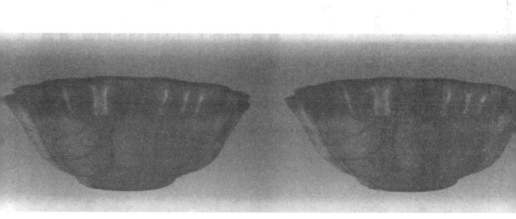

（一）古代手工业的发展历程

手工业是指依靠手工劳动，使用简单工具的小规模工业生产。手工业是我国古代除农业之外的重要的物质生产部门，它的发展状况是古代经济发展的重要标尺之一。我国古代手工业具有源远流长的历史，早在原始社会晚期即已从农业中分离出来，形成独立的生产部门。我们的祖先用灵巧的双手、精湛的技艺创造出众多的工艺精品。虽然史书上没有记载这些工匠的姓名，但他们的发明创造与世永存，造福着中国和世界人民。

早在殷商时期，青铜器制造就极为有名，此外人们还能制造陶器、骨器、玉器、车辆

早在殷商时期，青铜器制造就十分有名

灰陶

等。丝织物已成为贵族们主要的衣着用料，丝织品花色、品种繁多。

到了周朝，由于社会经济的发展和公私需要的浩繁，周王室和诸侯公室拥有各种手工业作坊，有众多的具有专门技艺的工匠，号称"百工"。这些作坊和工匠都由官府管理，称为"工商食官"。主要手工业有青铜铸造、陶瓷品、玉器、车辆等，制造相当精美。

战国时代的手工业，有作为副业的家庭手工业，也有独立经营的个体手工业；有"豪民"经营的大手工业，也有各国封建政府经营的官营手工业。手工业技术有了长足进步，丝织业能生产罗、纱、锦、绣、绢帛等新产品。发明了制作玻璃的技术，漆器工艺也很高超。

西汉时期，农业迅速发展，铁器的广泛使用，促进了手工业的进一步发展。汉代的冶铁业，作坊多、规模大，冶铁技术相当高，应用广泛，有长剑、长矛、环首大刀，也有灯、釜、炉、剪等日常用具。丝织业比较发达，纺织技术有很大提高。官营手工业作坊常有丝工数千人，生产比较贵重的锦、绣、纱等。纺织工具有纺车、织布机、提花机等。漆器业也有很大发展。

三国两晋南北朝时，手工业技术继续发展，织锦业、造船业、瓷器业、造纸业发展较快。隋代的瓷器业中的白釉瓷，胎质坚硬，

古代骨器

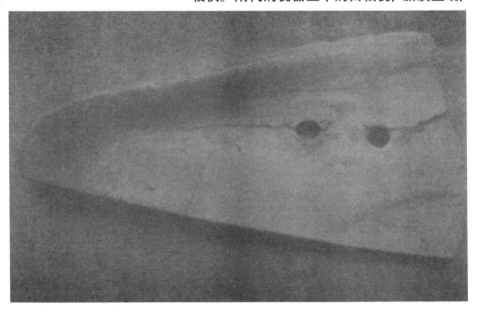

色泽晶莹，造型生动美观。造船业能制造五层楼的战船，隋炀帝游江都时所乘的船，种类很多，有龙舟、翔螭、浮景等，制作技术相当高。造桥技术也有显著提高，如赵州桥。

唐朝的手工业在中国历史上相当著名，纺织、冶铸、烧瓷等几个手工业部门都发展很快。纺织业中，北方善织绢，江南盛产布。丝织物品种和花色都很多，争妍斗奇，十分精美。棉纺织的发展很快，冶铸业也有很大的进步。瓷器生产在唐代也有重大发展。北方的手工业生产有很大进步，各种手工业作坊的规模和内部分工的细密，都超越前代。生产技术发展显著，

古代铁器

产品的种类和数量大为增加。矿业开采、冶炼规模扩大，产量增加，技术也有很大进步。瓷器不论是产量还是制作技术，都比前代有很大提高。

汝窑、官窑、哥窑、钧窑、定窑为北宋五大名窑。在瓷上雕画花纹是北宋时的新创。瓷器还大量远销国外。雕版印刷业、造纸业、造船业、纺织业技术提高很快。南宋棉纺织业进一步发展，制瓷业规模宏大，造纸业、印刷、制茶以及火器制造等，也都相当发达。元代纺织业有很大发展，棉纺织业大放异彩。制瓷业中，景德镇逐渐成为全国最大的制瓷中心，以生产高质量的青白瓷为主。矿冶业也有发展，印刷业相当普及。

宋代官窑瓷器

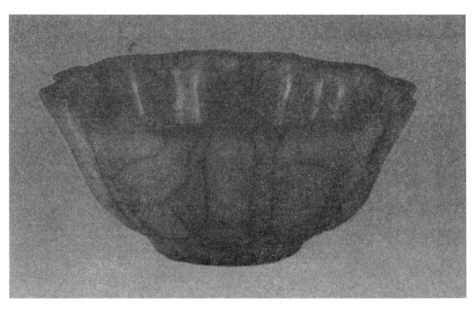

明中叶后，手工业发展很快。全国产铁地区共有一百余处，制瓷业、纺织业发展很快。清代手工业到康熙中期以后，逐渐得到恢复和发展，丝织业占有重要地位。当时江宁、苏州、杭州、佛山、广州等地丝织业都很发达。清代棉布生产，产量和质量都有很大提高。景德镇仍是全国的制瓷中心，其他各地的制瓷业也都发展起来。制糖业、矿冶业也有进一步发展。手工业的发展，促进了封建商品经济的发展，明中后期在江南棉、丝织业中出现了资本主义萌芽。

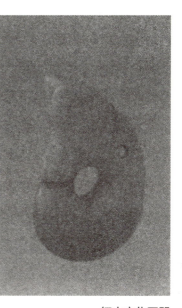

红山文化玉器

（二）古代手工业的主要经营形态

中国古代手工业主要有官营和民营两种经营形态。官营手工业是历代统治阶级为满足统治者的生活享受和政治、军事、财政需要而由官府经营的手工业。民营手工业是私人经营的以手工劳动及其协作为基础的各种手工业。进入阶级社会以后，官营手工业一直占有很大比重，民营手工业的具体情况在各代不尽相同，但始终普遍存在。

商代就已出现官营手工业。在西周，"工商食官"，官府占有工商业者，并进行垄断性经营。据《考工记》记载，官工业拥有 30 多

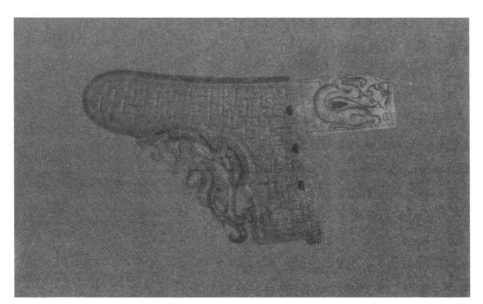

纹饰精美的玉戈

个工种，涉及运输、生产工具、兵器、容器、玉器、皮革、染色、建筑等各个行业。自春秋起，出现了与官营手工业相并存的私人手工业和独立商人，开始打破"处工就官府"的历史格局。

秦汉统一帝国建立后，逐渐形成一套庞大的官营手工业系统。例如：汉代由少府监管理生产兵器、仪仗用品和生活用品的官营作坊，由将作监管理营造宫室的官府工场。还在地方设置铁官、盐官、铜官、金官、服官等职官，分别管理各类官营手工业。汉代规模最大的冶铁业和铸钱业，从业人数达10万人以上。秦代中央设少府监，掌管礼器、车舆以及织染、矿冶、铸钱等业；设将作监，掌管土木工匠；设军器监，掌管武器等军工用品制造的工场。因手工业的种类不同，监下还设若干署，分门别类加以管理，其中少府监织染署包括 25 作。宋代仅少府监附设的一个掌管金银玉饰品制作的机构——文思院，就领有 42 作。内侍省里制造皇家嫁娶用品的有 81 作。除日用物品制作外，还有土木工程、军器、车舆、礼器制造以及织染、盐铁等各业经营。明初，官营手工业种类达 188 种，工匠经常保持在 30 万人左右。清代官营手工业分属内务府、工部和户部经营。除军工外，官营手工业逐渐衰落，民间手工业得到进一步发展。

北宋汝窑瓷器

纺车

历代官府手工业的原材料，主要来源于官府直接垄断的各种自然资源，或以土贡、坐派、科买等手段取之于民。其资金主要来源于国家的财政收入。劳动力来源，先秦主要是"食官"的手工业奴隶。汉至唐中叶，则大量使用官奴婢、罪犯和征调来的徭役劳动者。唐中叶后，主要使用在籍工匠，同时出现了募雇的劳动力。宋代，募雇有了发展，但这种雇佣仍不是自由劳动者。至清代匠籍制度废除后，实行计工给值，工匠处境有所改善，促进了手工业的发展。官府手工业作为中国奴隶制经济和封建制经济的重要组成部分，以劳动者的牺牲为代价创造了一部分古代文明。

古代民营手工业包括农民经营的与农业紧密联系在一起的家庭手工业、城乡劳动者经营的独立的个体手工业和地主豪强及其他工商业者经营的手工作坊或工矿作场。

先秦时就已存在男耕女织的家庭手工业，后来家庭手工业成为了社会的基本经济结构。独立的私人手工业产生于春秋时期，到战国已有较大发展，不仅制陶、漆器、木器、织锦等业逐渐从农业中分离出来，而且已出现制盐、冶铁的民营作坊。秦汉时期，煮盐、冶铁、制陶、造车船、制漆器、酿酒等生产规模和工艺技术都已超过前代。西汉中期，由于盐铁专卖，民营盐铁业一度衰落。至东汉和帝罢盐铁之禁后，地主豪强又重操旧业。其他手工业也都有不同程度的发展。

进入魏晋南北朝以后，手工业生产虽然衰而复兴，但其发展程度始终不及汉代。直到隋唐时期，私人手工业才又有显著的提高。唐代的瓷器、铜器、制茶、造纸等业中，形成了享有声誉的各地特产，矿冶业分布较为普遍，纺织业成为当时的主要手工业部门，印染方法有新的发明。另外，手工业行业组织也开始产生。

时至宋代，独立手工业者的数量较前代增多；矿冶、丝织等业的发展十分显著；制瓷业在当时手工业中占有突出地位。此外，造纸、雕版印刷以及造船业也很发达。唐宋两代，是中国民间手工业的又一个兴盛时期。

元代前期，官府手工业畸形发展，严重打击了私人手工业，有所发展的主要是棉纺织业和丝织业。元明以前，由于官府手工业的衰落和手工业者地位的某些改

制茶

变，民间手工业发展较快。制瓷业中，民窑数目已大大超过官窑，烧制瓷器可与官瓷媲美。而且，除两京外，当时已形成某些手工业的重要产区，如松江的棉纺织业、苏杭的丝织业、芜湖的浆染业、铅山的造纸业和景德镇的制瓷业。工商业城镇也开始兴起。入清以后，不仅作为农村副业的棉麻纺织、养蚕缫丝都有了普遍的推广，而且全国各大小城市和市镇之中，大都存在着磨坊、油坊、机坊、纸坊、酱坊、弹棉花坊、糖坊、木作、铜作、漆作、铁作等大小手工作坊。特别是清代对元明以来匠籍制度的废除，在客观上更有利于私人手工业的发展。鸦片战争之前，民间手工业的生产水平已超过明代，劳动生产率也相对提高，产量和品种更加丰富。尤

造纸

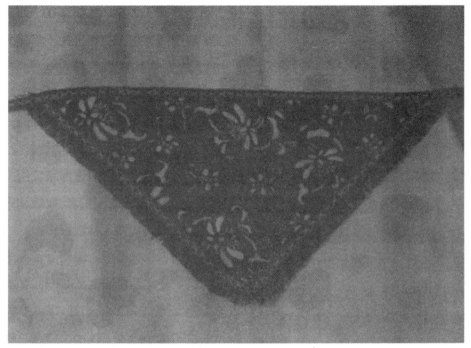

染布

其是制盐、采矿、冶金等行业得到了很大程度的发展，商业资本也开始流向产业部门，民间手工业达到了它的鼎盛时期。

在经营特征上，小手工业者所使用的劳动力全是家庭成员，制作加工也主要在家庭内进行。他们用雇主的原料或自备原料加工，产品自产自销。另一些手艺工匠，只有少量简单工具，没有能力开设作坊，仅加工原料或从事修补作业。私人作坊手工业，主要存在于城市或工矿资源所在地。使用工匠、学徒的小作坊，店主亦参加劳动，经营生产的目的主要是维持生活，营

染布

利的目的只占从属地位。地主豪富或工商业主开办较大的手工作坊，主要经营制盐和冶铁等业，他们通常以纳税形式向封建国家赁用生产资源；其劳动者多是流亡者、奴婢和佣工。产品自销或由商人转贩出售。

在中国古代社会中，民间手工业为社会提供了一定数量的生活必需品和基本的生产工具，它和农业一起，以众多的发明创造和精湛的手工技术，创造了中国灿烂的古代文明。并且，它推动着社会分工、商品货币关系乃至整个社会经济的发展。

（三）古代手工业特点

古代中国手工业作为古代中国经济结构的重要组成部分，它产生并发展于古代中国自给自足的自然经济形态的特定环境中，发展过程中取得了辉煌成就，也相应地体现出了自己的特点。

1. 工业部门的不断增加。在原始社会，工业种类很少，只有石器制造、骨角制造、陶器制造、纺织品制造、酿酒、编织等部门。奴隶社会增加了冶铜业，封建社会又增加了冶铁、制糖、棉纺织业等部门。工业部门的不断增加，有的是在生产过程中产生的新的行业，有的则是由某个行业演变分化成的新的部门。例如，在纺织工业的发展过程中，先有丝织业，后有棉纺织业，随着棉纺织业的日益发展，又出现了轧花、纺纱、织布、印染等部门。同样，在矿冶铸造业方面，也日益分化成为采矿、冶炼、铸造等工业部门。另外，某个工业部门的创立或发展，往往也会带动其他相关部门的创立或发展，例如，中国冶铁业的兴起，使农具制造和兵器制造成为独立的工业部门。

2. 工业技术不断进步，劳动分工日益细密。任何一个工业部门，一旦创立，它

竹编工艺品

瓷碗

的生产技术都是在不断进步的。以冶铁技术的发展为例：春秋时期以木炭为燃料，用皮囊鼓风炼铁；西汉时期开始用煤炭做燃料；东汉时期发明了水力鼓风机（水排），提高了炉温；北宋以后，以焦炭为燃料，进一步提高了炉温。同时，坩埚炼铁法的创造和土高炉炼铁技术的进步，使中国古代冶铁生产技术得到进一步提高。在工业技术不断进步的同时，生产单位内部的劳动分工也渐趋细密。在明清时代的某些工业部门，如制瓷、制糖、矿冶、井盐等行业的部分手工业工场中，都已具有相当细密的劳动分工。这时的手工业工场已经发展成为一个有机生产体系了。

3. 工业生产规模日益扩大，工场手工业随之出现。从工业经营的方式来说，其发展的一般趋势，是由家庭手工业到作坊工业，再到工场手工业。原始社会只能实行简单的协作，进行简单的生产。奴隶社会的工业生产规模较前有所扩大，在制作工业产品时，已经有了初步的劳动分工，生产效率较前提高。到了封建社会，工业生产的规模又有了扩大，劳动分工也渐趋细密；尤其在明代中叶以后，城市工业生产中产生了资本主义萌芽，出现了工场手

青花瓷器

古代手工业概况

官窑瓷瓶

工业的经营方式。在这种手工业工场中，一般雇佣较多的工匠，在细致的劳动分工下来扩大生产，使产品的制造进一步发展。例如，清代前期的矿冶业中，由于铸钱需要大量的铜，促使铜矿开采得到较大发展。

4. 官营手工业与民营手工业两种经营形态同时并存。中国的官营手工业，历史悠久，从奴隶制国家建立后，就有官营工业的存在。从西周到西汉，主要的工业部门，官府都设有作坊。从春秋末期起，随着农业经济的发展、生产技术的提高、社会分工的扩大，不少手工业者脱离农业而独立。这时社会上除了官府工业作坊外，还出现了一批民间工业作坊。此后，官营手工业和民营手工业就成为中国古代社会手工业生产中并存的两种经营形态。

5. 地区分布广泛，且与经济重心南移作出相应变化。古代中国的手工业是以自给自足的自然经济为基础的，加之中国幅员辽阔、资源丰富，所以古代中国的手工业生产，地区分布广泛，如制陶和丝麻纺织几乎遍布全国各地，烧瓷分布于中原和江南许多地区。同时，随着古代中国经济重心的不断南移，古代的手工业分布也相应地呈现出这一特点。例如春秋战国时期，我国的手工业发达地区主要有北方的临

临淄街景

淄、邯郸、宛等地；而到明清时期，手工业
发达地区就主要在扬州、苏州、杭州一带了。

二、冶铸业发展历程

早期青铜器——铜斧

中国在公元前 1500 年左右开始进入青铜时代，公元前 500 年左右开始进入铁器时代，在早期的文明国度和地区中，中国使用铜、铁等金属的年代相对来说是较晚的。但是，由于中国在冶铸技术方面的发明和创新，使中国的冶铸业很快就后来居上，跃居世界的前列，并为中国古代文明的高度发达奠定了坚实的物质基础。

铸造技术在中国冶铸业发展历史上占有重要的地位，它既作为成形工艺而存在，又是冶炼工序中的一个组成部分，达到了"冶"与"铸"密不可分的地步，因此在古代文献中往往是冶铸并称。这对中国文化产生了深刻的影响，如常用词汇"模范""范围""陶冶""就范"等，都是由冶铸技术衍生而来的。这种冶与铸密不可分的冶金传统，是古代世界上其他国家和地区所没有的。

（一）青铜冶炼

商周到战国时期的青铜器被认为是中国古代文明的象征。中国开始冶炼青铜的时间虽然晚于西方约千余年，但是后来冶炼水平很快超过了西方。

商、西周时期青铜的冶铸已很进步，生产规模非常大、冶铸技术也很高。春秋战国时，铜的采炼、铸造又有进一步发展。

春秋时期的青铜戈

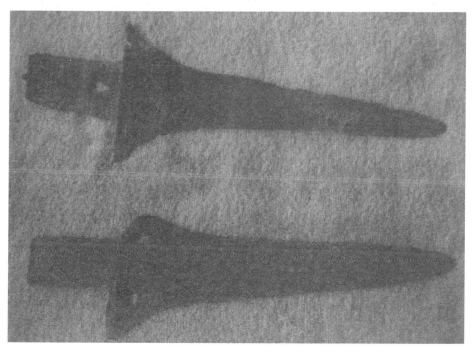

冶铸业发展历程

这时的青铜器，器形大、制作精、种类繁多。青铜器的用途几乎涉及社会生活的各个方面，反映了青铜工业在社会生活中的重要地位。湖北大冶铜绿山古矿遗址和山西侯马铸铜遗址的发现，使人们对这一时期从采矿、冶铜到青铜器的铸造有了新的认识。

从重875公斤的司母戊方鼎、精美的曾侯乙尊盘和大型的随县编钟群，以至大量的礼器、日用器、车马器、兵器、生产工具等，可以看出当时中国已经非常熟练地掌握了综合利用浑铸、分铸、失蜡法、锡焊、铜焊的铸造技术，在冶铸工艺技术上已处于世界领

西周早期青铜堇鼎

编钟

先的地位。

《考工记》中记载了"金有六齐：六分其金而锡居一，谓之钟鼎之齐。五分其金而锡居一，谓之斧斤之齐。四分其金而锡居一，谓之戈戟之齐。三分其金而锡居一，谓之大刃之齐。五分其金而锡居二，谓之削杀矢之齐。金锡半，谓之鉴燧之齐。"这是世界上最早的合金配比的经验性科学总结，表明当时中国已认识到合金成分与青铜的性能和用途之间的关系，并已定量地控制铜锡的配比，以得到性能各异、适于不同用途的青铜合金。

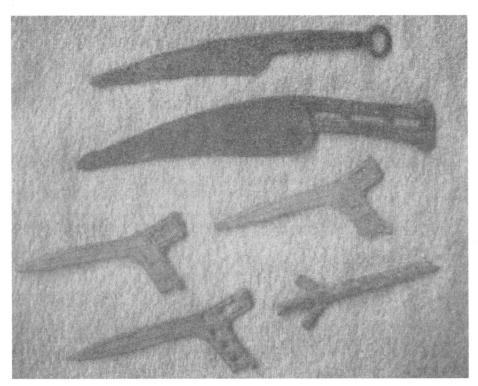

战国时的刀型、戈型青铜货币

《考工记》中还记载有："凡铸金之状，金与锡，黑浊之气竭，黄白次之；黄白之气竭，青白次之；青白之气竭，青气次之，然后可铸也。"说明当时已掌握了根据火焰的颜色来判定青铜是否冶炼至精纯程度的知识，这是后世化学中火焰鉴别法的滥觞。用来比喻工夫达到纯熟完美境界的成语"炉火纯青"，就是由此引申出来的。

在炼铜中的另一项重要成就是湿法炼铜，也叫胆铜法。这是利用炼丹家所发现的铁对铜离子的置换反应，进行冶铜的方法。

牧牛青铜扣饰

其工艺过程是把硫酸铜或碳酸铜（古称曾青、胆矾、石胆等）溶于水，使成胆水，然后投铁块于溶液中，因铁的化学性能比铜活泼，铁离子会置换出铜来。这是世界上最早的湿法冶金，宋代已用此法进行大规模的炼铜生产。

春秋战国时期青铜工艺技术的进步，突出表现在以下两个技术的使用上：一项是金银错技术，所谓金银错技术就是在铜器表面上镶嵌金银丝，制成图案或文字。这项技术，春秋中期已出现，当时楚、宋

战国时期的羊角编钟

等国的兵器上有错金的美术字。战国初，铜礼器上出现了大片金银错图案，战国中期这种技术不仅用在兵器、礼器上，而且也用在符节、玺印、车器、铜镜、带钩和漆器的铜扣上。二是战国中期以后刻镂画像工艺发展了起来，这种工艺是在比较薄的壶、杯、鉴、奁上制上细如发丝的刻镂画像图画，一般多是水陆攻战、狩猎、宴乐礼仪等方面的图画。这些图画是在铸成器形后，用钢刀刻镂加工制成的。

（二）钢铁冶炼

中国虽然迟至公元前 6 世纪才开始冶炼块铁，约比西方晚 900 年，然而冶炼铸铁的技术却比欧洲早 2000 年。由于铸铁的性能远高于块铁，所以真正的铁器时代是从铸铁诞生后开始的。社会发展的历史表明，铸铁的出现是社会生产力提高和社会进步的主要标志。中国从块铁到铸铁发明的过渡只用了约一个世纪的时间，而西方则花费了近 3000 年的漫长时光。中国古代炼铁技术发展得如此迅速是世界上绝无仅有的，英国著名科学史家贝尔纳说，这是世界炼铁史上的一个唯一的例外。

由于生铁含碳量高，虽硬但脆，不耐碰击，易毁坏。为改进生铁的性能，中国古代发明了一系列的生铁加工技术：

首先是战国时期问世的铸铁柔化处理

战国时期的铜鼓

技术，这是世界冶铁史的一大成就，比欧洲早两千多年。该项技术又分为两类，一类是在氧化气氛下对生铁进行脱碳热处理，使成白心韧性铸铁；一类是在中性或弱氧化气氛下，对生铁进行石墨化热处理，使成黑心韧性铸铁。到汉代，铸铁柔化处理技术又有新的突破，形成了铸铁脱碳钢的生产工艺，可以由生铁经热处理直接生产低、中、高碳的各种钢材，中国从此成为世界上的先进钢铁生产国。其产品亦随着中外交通贸易的发展，输运到周围各国以及中亚、西亚和阿拉伯一带。

另一个生铁加工技术是炒钢，它是中国

人面铜钺

古代手工业

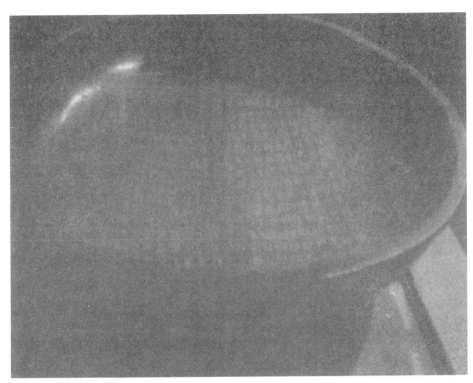

西周史强盘

古代由生铁变成钢或熟铁的主要方法，大约发明于西汉后期。其法是把生铁加热成液态或半液态，并不断搅拌，使生铁中的碳分和杂质不断氧化，从而得到钢或熟铁。河南巩县铁生沟和南阳瓦房庄汉代冶铁遗址，都提供了汉代应用炒钢工艺的实物证据。"莫邪"乃古代著名的宝剑，据东汉时期成书的《太平经》称，它是先由矿石冶炼得到生铁，再由生铁水经过炒炼，锻打成器的。炒钢工艺操作简便，原料易得，可以连续大规模生产，效率高，所得钢材或熟铁的质量高，对中国古代钢铁生产和社会发展都有重要的意义。欧洲直至18世纪中叶，英国人才发明类似的技术。

中国古代的炼钢技术主要是"百炼钢"。自从西晋刘琨写下"何意百炼钢，化为绕指柔"这一脍炙人口的诗句后，"千锤百炼""百炼成钢"便成为人们常用的成语。百炼钢起源于西汉早期的块炼渗碳钢，然后不断增加锻打次数而定型的加工工艺。到东汉、三国时，百炼钢工艺已相当成熟。后世这一工艺一直被继承，并不断得到发展。

此外，对出土的汉魏时期铁器进行研究后表明，中国早在两千多年前的汉代就已经发明了球墨铸铁，远远早于西方的欧洲国家。

创始于魏晋南北朝时期的灌钢技术，是中国冶金史上的一项独创性发明。灌钢的工艺过程大致为：将熔化的生铁与熟铁合炼，生铁中的碳分会向熟铁中扩散，并趋于均匀分布，且可去除部分杂质，而成优质钢材。灌钢技术在宋以后不断被改进，减少了灌炼次数，以至一次炼成。宋代还把生铁片嵌在盘绕的熟铁条中间，用泥巴把炼钢炉密封起来，进行烧炼，效果更好。明代又有改进，把生铁片盖在捆紧的若干熟铁薄片上，使生

象纹铜铙

青铜鸟柱龟鱼纹盒

铁液可以更均匀地渗入熟铁之中。不用泥封而用涂泥的草鞋遮盖炉口，使生铁可从空气中得到氧气而更易熔化，从而提高冶炼的效率。灌钢又称"抹钢""苏钢"，其工艺自清至近代仍很盛行。在坩埚炼钢法发明之前，灌钢法是一种最先进的炼钢技术。

除了铜、铁外，中国古代冶炼和使用的金属还有金、银、汞、铅、锡、锌等，其中锌的炼制是中国首先发明的。中国在

黄铜方尊

先秦的青铜中已把锌作为伴生矿加入铜合金中，从汉代至元代更是有意识地把锌的氧化物"炉甘石"加入化铜炉中，以生产锌为主要合金元素的铜合金——黄铜。明代时，则开始了大规模地用炉甘石做原料提炼金属锌。从 16 世纪起，中国的锌便不断传进欧洲。欧洲到 17 世纪才开始炼锌，其工艺也是源自于中国。

三、陶瓷业发展历程

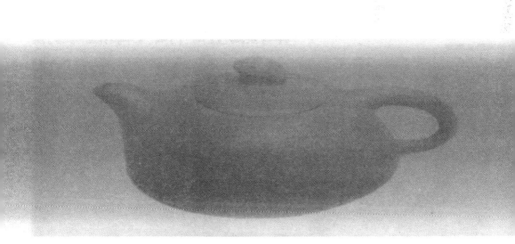

我国远在新石器时代就学会了制陶，随着制陶业的发展，出现了古代制瓷业。"瓷器"一词在英文中被称为"china"，后来西方干脆将瓷器的故乡同样称为 China，也就是"中国"的英文名，可见中国瓷器在世界上享有盛誉。中国古代的瓷器文化，是中华民族的优秀文化遗产。瓷器是古代中国人民的伟大发明，也是中华民族对人类文明的杰出贡献。

（一）制陶业

陶器是指以黏土为胎，经过手捏、轮制、模塑等方法加工成型后，在 800℃ － 900℃左右的高温下焙烧而成的物品，品种有灰陶、红陶、白陶、彩陶和黑陶等。陶器的发明是原始社会新石器时代的一个重要标志。中国

大汶口螺狮形灰陶壶

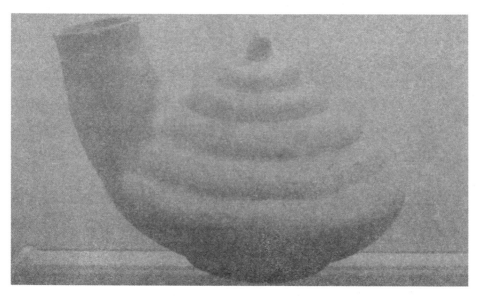

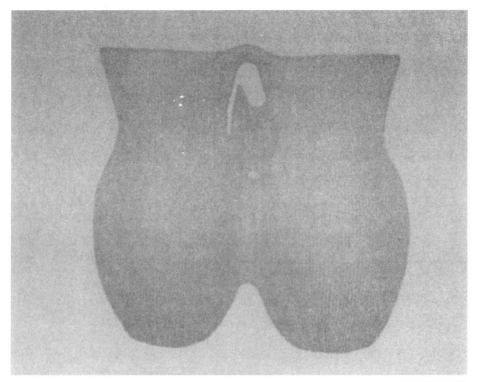

齐家灰陶双连罐

早在约一万年前就已经发明了原始的制陶术，成为世界上最早制陶的国家之一。在距今约四五千年以前，在今河南地区就出现了具有红、黑图饰的"彩陶"制品，反映了当时已经具有了相当高的制陶技术和社会文化水平，形成了著名的"彩陶文化"。

陶器的革命性变化出现在原始社会晚期与夏朝时期，这时出现了一种以高岭土为原料的陶器，它的烧制温度需要达到1000℃以上，烧成后的陶器呈现白色，质地细密坚硬，明显超越了一般的陶器。

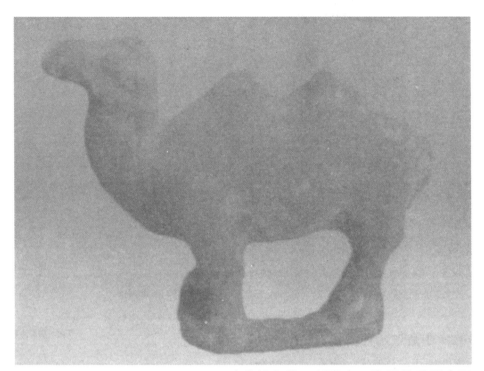

北齐红陶骆驼俑

随着社会的不断进步，陶器的质量也逐步提高。到了商代和周代，已经出现了专门从事陶器生产的工种。在战国时期，陶器上已经出现了各种优雅的纹饰和花鸟。这时的陶器也开始应用铅釉，使得陶器的表面更为光滑，有了一定的色泽。

到了西汉时期，上釉陶器工艺开始广泛流传起来。多种色彩的釉料也在汉代开始出现。唐三彩是盛行于唐代的陶器，它是一种低温釉陶器，在色釉中加入不同的金属氧化物，经过焙烧，便形成浅黄、赭黄、浅绿、深绿、天蓝、褐红、茄紫等多种色彩，但多

以黄、褐、绿三色为主。唐三彩的出现标志着陶器的种类和色彩更加丰富多彩了。

紫砂壶

明正德年间后流行的紫砂壶就是由陶器发展而来的，属于陶器茶具的一种。它坯质致密坚硬，取天然泥色，大多为紫砂，亦有红砂、白砂。烧制温度在1100—1200℃，无吸水性。它耐寒耐热，泡茶无熟汤味，能保真香，且传热缓慢，不易烫手，用它炖茶，也不会爆裂。因此，历史上曾有"一壶重不数两，价重每一二十金，能使土与黄金争价"之说。

白陶

（二）制瓷业

瓷器生产要具备下列条件：1、瓷土必须是高岭土；2、要有玻璃质感的釉色；3、通常烧制的温度在 1200℃—1300℃。与陶器相比，瓷器具有质地坚硬和清洁美观的优点，敲击声清脆悦耳。瓷器的发明是在陶器技术不断发展和提高的基础上产生的。商代的白陶是原始瓷器出现的基础，它的烧制成功对由陶器过渡到瓷器起了十分重要的作用。

商周之际遗址中出土的"青釉器"已明显的具有了瓷器的基本特征，被人称为"原始瓷"或"原始青瓷"。它们的质地和陶器相比更细腻坚硬，胎色以灰白居多，烧结温度高达 1100℃ -1200℃，表面施有一层石灰釉，吸水性极小。

原始瓷自商代出现后，从西周、春秋战国到东汉，历经了一千多年的变化发展，逐渐走向了成熟。东汉以来直至魏晋时期，技术趋于成熟，多为青瓷。这些青瓷做工精细，胎质坚硬，不吸水，表面施有一层青色玻璃质釉。此时还出现了黑釉瓷。这种高水平的制瓷技术，标志着中国瓷器生产进入了一个新时代。

我国白釉瓷器萌芽于南北朝，隋朝时已

经发展到了成熟阶段，唐代更有了新的发展，已经发展为青、白两大瓷系主流，青瓷以越窑产品的质量最高，白瓷以邢窑产品质量最高，瓷的白度也达到了70%以上，接近现代高级细瓷的标准。这一时期是重要的窑具"匣钵"普及发展的时期，瓷器制作与造型发生了很大的变化，胎壁由厚重趋向轻薄，底足由平底、饼形足变为玉璧形底、圈足，釉面不受窑内烟熏污染，从而保持了色泽纯净，器物造型趋向于轻巧精美。这时还出现了绞胎瓷、花釉瓷、秘色瓷等高级品类，长沙窑普遍使用了瓷器高温釉下彩、釉上彩新技术。这一时期瓷器的制作技术、艺术高度发达，享誉中

白釉陶瓷

外，瓷器的外销出现了较大的规模。

宋代瓷器在胎质，釉料和制作技术等方面，有了新的提高，烧瓷技术达到了完全成熟，利用火焰性质和温度高低不同，所成的釉呈现出各种不同的颜色，光彩夺目，是我国制瓷业发展史上的一个重要阶段。宋代涌现了大量的名窑，耀州窑、磁州窑、景德镇窑、龙泉窑、越窑、建窑以及被称为宋代五大名窑的汝窑、官窑、哥窑、钧窑、定窑等。

当时的瓷器格局，主体上依然是"北白南青"两大体系，但实际上则是交汇融合，更趋丰富多彩。南方的瓷器在瓷土的选择上

宋代瓷器

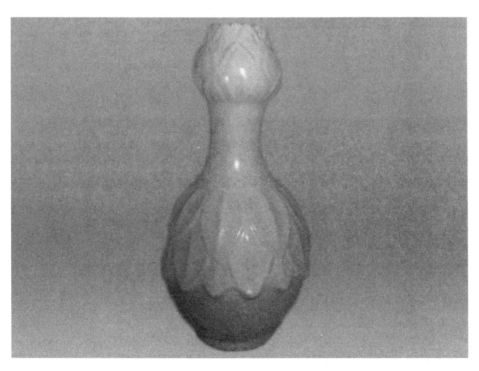

彩瓷

有了很大发展，瓷器的胎体相当洁白。北
方的窑炉一般较小，所以发明了"覆烧工
艺"，后来又传到了南方。南方的一些窑炉，
则采取了扩大容积的技术，甚至一窑就能
烧制一两万件瓷器。品种上，南方烧出了
粉青与梅子青釉，北方烧出了铜红釉与釉
里红、白地黑花、釉上红绿彩等新品种，
而且还发明了印花装饰、刻花装饰等等。

彩瓷一般分为釉下彩，釉中彩和釉上
彩三大类。在胎坯上先画好图案，上釉后
入窑烧炼的彩瓷叫釉下彩；上釉后入窑烧
成的瓷器再彩绘再烧为釉中彩；上釉后入

色彩淡雅的彩瓷

窑烧成的瓷器再彩绘，又经炉火烘烧而成的彩瓷，叫釉上彩。我国古代陶瓷器釉彩的发展，从无釉到有釉，又由单色釉到多色釉，然后再由釉下彩到釉上彩，并逐步发展成釉下与釉上合绘的五彩，斗彩等。

元代是古代瓷器发展的重要时期，起着承前启后的重要作用，钧窑、磁州窑、景德镇窑、龙泉窑、德化窑等名窑继续发展。景德镇窑开始使用瓷石加高岭土的"二元配方法"，使得二氧化二铝的含量进一步提高，烧成温度由此也可以相应提高，烧出了颇具气势的大型器。在景德镇等地白瓷高度发达的基础上，高温釉下彩品种——青花、釉里红瓷器普遍出现，成为中国瓷器史上又一里程碑。

明清时代的制瓷业以景德镇为中心，官窑制品更是穷极精丽，可以说是千年中国古代瓷器的高度总结与代表。青花瓷器是各种产品的主流，以明代永乐至宣德年间的水平最高。彩瓷发展到空前繁盛的时期，明代初年以铜红釉水平较高，明成化年间以斗彩著称，明弘治年间出现低温黄釉，明正德年间出现孔雀绿釉，明嘉靖时期出现五彩。清代釉色品种更为丰富，如釉上蓝彩、墨彩、釉下五彩、金彩、粉彩、

景德镇瓷器

清代早期粉彩盘

珐琅彩以及各种单色釉。明清时期还出现了釉上釉下彩结合，半脱胎、脱胎瓷器等等新工艺。器物品类空前丰富，装饰手法与题材也达到空前的繁盛。

四、异彩纷呈的纺织业

织布机

（一）古代纺织业形成时期

我国纺织业历史悠久。据考古发现，远在新石器时代，中国的原始人群就已广泛使用一种最原始的纺纱工具纺坠进行纺纱。相传，大禹时期纺织品已作为贡物上缴，"禹合诸侯于涂山，执玉帛者万国"。夏商时期，丝织业开始有了固定的分工和专业作坊，到西周时则成为社会生产的主要部门，丝织品成为国家赋税的重要来源。

春秋战国时期，"男耕女织"已成为社会经济的主流。人们的生活来源和贵族们的衣食消费，均取决于农业和手工业。各诸侯都比较重视纺织生产，统治阶层把掌握有纺织技术的工匠组织成劳动队伍，进入官府控制的手工纺织作坊操作。同时，各国还明法审令，奖励耕织，凡生产粟帛多的农民可以减免其徭役，使得一些地区（如黄河中下游地区）迅速发展成重要的桑蚕丝绸产地。

在当时，麻葛丝帛的织造遍布城乡各地，纺织品的生产和贸易日趋繁荣，一些以专门生产纺织品著称的地区应运而生。出现了以临淄为主的齐鲁和以陈留、襄邑为主的河洛平原地区两个纺织中心，前者以出产的薄质罗、绤、纳及精美刺绣著称，并被史家誉之为"齐冠带衣履天下"，后者则以出产的美锦、文锦、重锦等而闻名。当时的丝织业主要集中在黄河中下游的今冀、鲁、豫地区，而楚越等南方地区的丝织业也相当发达，从大量出土的战国楚墓中的各种丝织品来看，即可证明这一点。精美的丝帛，不仅成了当时祭拜天地的必备之物，而且是会盟朝聘不可缺少的贵重礼品。

这一时期，居住在我国西北地区的少数民族，毛纺织品的织造技艺已达相当高的水平。他们根据毛纤维的特性，发明了世界上最早的无纺织布——毡。这充分说

织布机

异彩纷呈的纺织业

明，我国古代的毛纺织技术同麻丝纺织业一样，也具有十分远久的历史。

春秋战国时期的织机已经具备了比较先进的结构，可以说已经由原始的织造工具过渡到了较完善的手工织机阶段。当时整套的染整工艺已初步形成，使用的染涂料，主要有植物染料和矿物涂料，媒染工艺的运用也较为普遍。各种织品丰富多彩，织物组织结构比较复杂。各地考古挖掘证明，春秋战国时期的平纹、斜纹、纹纱、经二重、纬二重等组织结构的织品都有出土，丝织物的组织结构尤为繁多，达十几种。织物上的几何图案和花纹已相当复杂，各种图案对称协调，层次分明，做工精巧。例如长沙楚墓出土的麻布残片，纤维相当细密。

（二）闻名于世的丝绸之路

秦汉时期，纺织业作为最发达的手工业，仍在继续发展中。我国是当时世界上唯一一个养蚕、缫丝、织丝的国家。几百年后这些技术才传入朝鲜、越南、日本，后又传入希腊和欧洲各国。当时饲育的家蚕一般一年四五熟，吴国永嘉郡培育出了八辈蚕。纺车、缫车、络纱、整经工具及结构较为复杂的手工织机、提花机已相当完善。

纺织用的工具

纺织品

当时的丝绸锦缎，不仅能用各种色线织成工艺考究的带有人物、花鸟、动物、文字等复杂图案的织品，而且印染技术之高也令人惊叹。印染出的花型，层次分明，色泽鲜艳，具有很强的立体效果。湖南长沙马王堆发掘出土的古汉墓中，发现许多精美的丝麻织品，上面有各种富有艺术价值的花纹图案，其中最薄的一件丝绸上衣，长达160厘米，两袖展开长190厘米，重量居然只有48克。同时出土的印花织物上所采用的套色印染方法，不仅图案相当精细美观，而且套印得十分准确，可见当时缎、纺、织、染的技术水平已经达到十

纺织器具

分精湛的地步。

当时的纺织品生产已突破了自给自足的范围，成为了大量的商品生产。统治阶层在政府中设置专门部门和官员，负责纺织生产和征收税帛。官府控制着规模宏大、雇佣有各种工匠数千人的官营纺织生产工场。精美珍贵的丝绸品除了皇室御用之外还大量赏赐给皇亲国戚、文武大臣或作为礼品和商品输往国外。

西汉年间，汉武帝派张骞两次出使西域，开辟了我国通往西域的第一条国际贸易通道——丝绸之路。各国使节和商队频繁往来，在这些贸易品交换中，我国输出的丝绸织品比价很高，汉代《盐铁论》中说："中国一端（二丈) 帛，得匈奴值数万钱。"可见，在汉代，我国的丝织品已经蜚声世界，誉满全球了。

（三）古代纺织业繁荣时期

隋唐时期，我国封建经济空前繁荣。唐政权建立之后，统治集团从调整经济政策着手，采取了一系列休养生息、轻徭薄赋的措施。唐太宗曾下令把中央政府的官员从 2000 多人精简到 600 人，并将 3000 多宫女"遣出宫室，就嫁民间"，以充实社会劳动力。这些制度和法令的制定、颁行，对于恢复生产和发展经济，起到了很大的促进作用。

唐政府对纺织生产十分重视。毛、麻、丝等纺织原料几乎都掌握在统治阶层手

纺织器具

中。政府少府监专设织染署，掌管着纺织、缝纫、制作、染整等十几种专业工场。所雇织工越来越多，生产规模越来越大。为了提高工匠们的纺织技艺，官府办的手工纺织作坊中，还有专门训练技工的部门，经常组织纺织工匠们进行技术学习和技术交流，促进生产技术的全面改革和发展。

当时，纺织品的染织工艺相当精湛，内容极为丰富，各种精美绫锦绚丽多彩、争妍斗奇。如扬州、定州、益州织造的特种花纹绫锦，越州的异纹吴绫，浙江会稽的绫锦和桂林的桂布都属我国古代衣料中不可多得的珍品。考古学家从敦煌千佛洞中发现的唐代

织饰工艺品

精美的织锦

薄绢，染织技艺之高令人惊叹，它具有两面绘画，而且挂在过道不挡光线。宣州生产的红线毯十分豪华，是当时官商绅贾家中向往的奢侈之物。

民间的纺织生产也十分繁荣，农村按照季节和时令从事的纺织副业生产已相当规范。民营纺织作坊也随着城市商业的繁荣和商品流通的扩大而增多，京都长安有织锦行、绢行、丝帛行、毯行、毡行等，到了中唐时期已遍及全国各地。

隋唐之际，各种手工纺织机器及结构

进一步完备。手摇纺车的普及使纺丝效率大大提高。从手摇纺车演变而来的脚踏纺车，有的已发展到可以五锭纱线同时并捻的水平。这种脚踏纺车一直沿用到了清代。脚踏织机与各种提花机结构的改善和机件的完备，使织品突破了原来主要靠经线显花的限制，出现了不少带有大幅度循环花纹图案的织品。唐代出土文物中，专家们发现了大量的纬显花织物，花纹循环纬线数比以前增加了很多，证明当时随着提花机的不断改革，缎纹组织织品的生产已经比较普及，整个织物的平纹、斜纹、缎纹"三原组织"已达完整的地步。

肚兜上的精美刺绣

（四）古代纺织业继续发展时期

从宋朝、元朝、明朝直到清朝前期，我国纺织业继承和发展了前代的纺织工艺技术，同时在两个方面取得了重大突破。一是我国古代劳动人民发明创造出了世界上最早的利用自然击力运转的纺织机器——水转大纺车。这种高产高效的纺纱合线工具比欧洲的水力纺机早400多年。人们利用这种大型生产工具，高速度、高效率地并捻合线，使纺织品生产数量和质量大大提高。二是棉纺织业兴起，棉花的种植和棉纺织业在全国逐步普及推广。棉织品的出现，改变了传统纺织原料的构成，取代了麻丝织物，成为了劳动大众的主要衣着用料。

清代手工刺绣画

宋代的纺织业仍是以丝织为主，江南的苏、杭以及四川、河北都设有官府办的织锦院，一些州府也设有官办纺织工场。生产出的纺织品在满足朝廷和文武官员使用的同时，还用于军需和外贸。当时两宋政权对北方少数民族多采用求和苟安政策，除了向辽、金等国定期纳银外，每年要送上丝绢上百万匹，同时，还要与高丽、日本、大食、南洋、印度和非洲各国进行频繁贸易，以换取更多的奢侈品。因此，统治阶层对纺织品的需求量日益增加，除了官办工厂生产的纺织品外，政府还派官员向民间征集、收购纺织品，以满足需要。这样一来，就刺激、促进了宋代纺织业的发展。

宋代之前，虽然种植棉花的方法已经由印度传往中国，但是并未出现大面积种植。江苏松江府的女纺织家黄道婆，对我国长江三角洲地区棉纺织业的发展曾作出过巨大的贡献。南宋末年，黄道婆为躲避战乱，曾漂流到海南岛几十年，在那里她向当地黎族人民学习了当时内地还没有的纺纱织布技术。回到松江府后，她将自己学到的技艺热情地

黄道婆墓

对襟绣花服饰

传授给附近的劳动妇女，并改进纺织工具和操作方法，使工效增加了好几倍。

（五）资本主义萌芽期的纺织业

明代，棉纺织业发展更快。黄河流域和长江南北到处可见种植棉花的田地。朱元璋很重视棉、桑、麻等经济作物的种植，政府下令：农民有田五亩至十亩的，必须要栽种棉、桑、麻各半亩，有十亩以上者加倍，否则，将罚缴纳布一匹。这样就大大提高了农民植棉的积极性，植棉面积显著增加，从而促进了植棉技术的提高和棉花赶弹工具的改进。由于棉花的广植和蚕

郑和航海馆

桑丝绸业的发展，使得一些地方成了纺织品的专业地区。宋应星所著《天工开物》一书中提到"织造尚松江，浆染尚芜湖"，说明当时的松江府以棉布织造业著称，而芜湖一带则以印染业闻名全国。明代中期，江南苏、杭、嘉、湖一带，家家户户以纺织为业，丝绸织花技术领先于全国各地。

明永乐三年，明成祖派郑和先后七次下西洋，历时29年，到了亚非30多个国家，促进了中外经济文化交流。郑和七下西洋，带动了大批中国贫苦农民、小手工业者远涉重洋，到东南亚各地谋生。这些华侨将我国的纺织品、纺织技术带往东南亚各国，并将

郑和像

郑和下西洋促进了中外经济文化交流

老粗布俗称老土布，又名手织布

海外许多纺织品品种、纺织原料、染料引进到我国，带动了明代纺织业的发展。

入清以后，明朝潜在的资本主义萌芽，在清代开始缓慢生长，逐渐发展起来。纺织业是我国资本主义萌发最早的行业，到了清代，随着商品经济比重的显著增加、商品贸易的进一步扩大，棉花和布匹在城市及农村集市贸易中成了销售量最旺的商品。当时，棉花的种植区域有了很大扩展，几乎遍及全国各省。两湖、两广、长江三角洲地区和胶东半岛、河南、河北都是重要的产棉区。棉花的产量和纺织品的生产数量都已达到自给有余的程度。当时，我国棉花和"土布"大量行销海外，很受青睐。用松江"紫花布"制作的衣物在英国成了风靡一时的时装。古代绣品的后起之秀——湖南湘绣，在海外也赢得了很高的声誉。这一阶段，我国纺织品的生产数量和外贸出口量都是比较可观的，直到后来清政府封闭通商口岸，实行闭关锁国政策之时。

清朝后期，帝国主义势力对我国大举入侵，使我国传统的纺织业受到全面压抑，纺织生产前程黯淡、发展艰难，较之前期，无论在数量上还是质量上，大有江河日下之势。

五、造船业的发展历程

我国造船业有着辉煌的历史

中国有漫长的海岸线，仅大陆海岸线就有18000多公里，又有6000多个岛屿环列于大陆周围，这就为我们的祖先进行海上活动，发展海上交通提供了极为便利的条件。我国古代造船业起步于遥远的原始社会的新石器时代，历史悠久，源远流长。我国古代造船业有着辉煌的历史，当年曾雄踞于世界前列，把欧洲远远地抛在了后面。在它的发展过程中，曾经出现过三个高峰时期，这就是秦汉时期、唐宋时期和明朝时期。

（一）先秦时期的造船业

古书上曾记载一则神话：禹为了指挥治水工程，需要造一只大型的独木舟。他听说四川有一棵特大的梓树，直径达一丈多宽，就带着木匠去伐。树神知道后，化成一个童子阻止他砍伐。禹非常生气，严厉地谴责了树神，砍下大树，并把它中间挖空，造了一条既宽大又灵巧的独木舟。禹乘坐这艘独木舟指挥治水工程，经过13年的努力，终于治服了洪水。

当然，传说和神话不等于现实，但是它却在一定程度上反映了某些事实，就是在原始社会末期我国已经发明了船。今天，不少

古代木船模型

考古发现也在不断证实着以上的事实。在距今5000年左右的浙江杭州水田畈和吴兴钱山漾的新石器时代的遗址中，都有木桨出土，说明当时独木舟已成为浙江地区的重要水上交通工具。

据考证，在不晚于夏朝的时候，木板船就已经发明了。到了商朝，生产力又有了提高，人们开始较普遍地使用金属工具建造木板船，并开始较大规模的商业活动了。应该说，由独木舟和筏发展到木板船，这是造船史上的飞跃，它开辟了航海及河运史上的新时期。

船舶的发展有一个漫长的历史过程。最早出现的木板船叫舢板，几千年来，人们在使用中不断对舢板船加以改进，逐步

木筏

使它完善，并且不断有所创新，促成了千姿百态、性能优良的各种船舶的产生。除了舢板这种单体木板船外，当时人们还受木筏制造原理的启发，造出了舫，把两艘以上的船体并列连接起来，增加了船的宽度，提高了船的稳定性和装载量。

春秋战国时期，我国南方已有专设的造船工场——船宫。诸侯国之间经常使用船只往来，并有了战船的记载。战船是从民用船只发展起来的，但因为战船既要配备进攻设备，又要防御敌方进攻，因此它在结构和性能上的要求都比民用船只高。可以说，战船代表着各个时期最高的造船能力和技术水平，也从一个侧面反映了当时的经济力量和生产技术水平。吴国水军的战船是当时最有名的，主要是三翼，即大翼、中翼和小翼。其中大翼长 10 丈，阔 1.5 丈，可以载士卒 90 多人，有较高的航行速度。吴国就是凭借这些战船先后在汉水和太湖大败楚、越两国的。后来越国灭吴时，吴国的战船已经发展到 300 艘之多。

（二）秦汉时期的造船业高峰

秦汉时期，我国造船业的发展出现了第一个高峰。秦始皇在统一中国南方的战

小小竹排江中游

造船业的发展历程

古代战船模型

争中组织过一支能运输 50 万石粮食的大船队。据古书记载，秦始皇曾派大将率领用楼船组成的舰队攻打楚国。统一中国后，他又几次大规模巡行，乘船在内河游弋或到海上航行。

到了汉朝，以楼船为主力的水师已经十分强大。据说打一次战役，汉朝中央政府就能出动楼船 2000 多艘，水军 20 万人。舰队中配备有各种作战舰只，有在舰队最前列的冲锋船"先登"，有用来冲击敌船的狭长战船"蒙冲"，有快如奔马的快船"赤马"，还有上下都用双层板的重武装船"槛"。当然，楼船是最重要的船舰，是水师的主力。楼船

古代造船厂

是汉朝有名的船型，它的建造和发展也是秦汉时期造船技术高超的表现。

秦汉造船业的发展，为后世造船技术的进步奠定了坚实的基础。三国时期孙吴所据之江东，历史上就是造船业发达的吴越之地。吴国造的战船，最大的上下五层，可载3000名战士。以造船业见长的吴国在灭亡时，被晋朝俘获的官船就有5000多艘，可见造船业之盛。到南朝时，江南已能建造1000吨的大船。为了提高航行速度，南齐大科学家祖冲之"又造千里船，于新亭江试之，日行百余里"。它是装有桨轮的船舶，称为"车船"，是利用人力以脚踏车轮的方式推动前进的。

南朝时已经能造大船

虽然没有风帆利用自然力那样经济，但是这也是一项伟大的发明，为后来船舶动力的改进提供了新的思路，在造船史上占有重要地位。

唐宋时期，造船业进入成熟时期

（三）唐宋时期的造船业高峰

唐宋时期是我国古代造船史上的第二个高峰，我国古代造船业的发展自此进入了成熟时期。秦汉时期出现的造船技术，如船尾舵、高效率推进工具橹以及风帆的有效利用等等，到了这个时期得到了充分发展和进一步的完善，而且创造了许多更

古代战船

加先进的造船技术。

隋朝是这一时期的开端，虽然时间不长，但造船业很发达，甚至建造了特大型龙舟。隋朝的大龙舟采用的是榫接结合铁钉钉联的方法。用铁钉比用木钉、竹钉联结要坚固牢靠得多。隋朝已广泛采用了这种先进方法。到了唐宋时期，无论从船舶的数量上还是质量上，都体现出我国造船业的高度发展。具体来说，这一时期造船业的特点和变化，主要表现在以下几个方面：

一是船体不断增大，结构也更加合理。船只越大，制造工艺也就越加复杂。唐朝内

乘风破浪的帆船

废弃的古战船

造船业的发展历程

古代船坞

河船中，长 20 余丈、载人六七百者已屡见不鲜。有的船上居然能开圃种花种菜，仅水手就达数百人之多，可以想象船只有多大。唐宋时期建造的船体两侧下削，由龙骨贯串首尾，船面和船底的比例约为 10 ∶ 1，船底呈 V 字形，便于行驶。

二是造船数量不断增多，造船工场明显增加。唐朝的造船基地主要在宣城、镇江、常州、苏州、湖州、扬州、杭州、绍兴、临海、金华、九江、南昌以及东方沿海的烟台、南方沿海的福州、泉州、广州等地。这些造船基地设有造船工场，能造各种大小河船、海船、战舰。唐太宗曾以高丽不听勿攻新罗谕告，决意兴兵击高丽。命洪、饶、江三州造船 400 艘以运军粮，又命张亮率兵四万，乘战舰 500 艘，自莱州（山东掖县）泛海取平壤。可见唐朝有极强的造船能力。到了宋朝，东南各省都建立了大批官方和民间的造船工场，每年建造的船只越来越多，仅浙江宁波、温州两地就年造各类船只 600 艘。江西吉安船场还曾创下年产 1300 多艘的记录。

三是造船工艺越来越先进。唐朝舟船已采用了先进的钉接榫合的连接工艺，使船的强度大大提高。宋朝造船修船已经开

鼓起风帆远航的商船

造船业的发展历程

始使用船坞，这比欧洲早了500年。宋代工匠还能根据船的性能和用途的不同要求，先制造出船的模型，并进而能依据画出来的船图，再进行施工。欧洲在16世纪才出现简单的船图，落后于中国三四百年。宋朝还继承并发展了南朝的车船制造工艺。车船是一种战船，船体两侧装有木叶轮，一轮叫做一车，人力踏动，船行如飞。南宋杨幺起义军使用的车船，高二三层，可载千余人，最大的有32车。在与官军作战时，杨幺起义军的车船大显了威风。古代船舶多是帆船，遇到顶风和逆水时行驶就很艰难，车船在一定程度上克服了这些困难，它是原始形态的轮船。

古战船模型

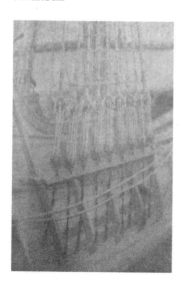

（四）明朝的造船业高峰

明朝时期，我国造船业的发展达到了第三个高峰。由于元朝经办以运粮为主的海运，又继承和发展了唐宋的先进造船工艺和技术，故大量建造了各类船只，其数量与质量远远超过前代。元朝初期仅水师战舰就已有17900艘。元军往往为一个战役就能一举建造几千艘战船，此外还有大量民船分散在全国各地。元朝时，阿拉伯人的远洋航行逐

古代帆船

渐衰落，在南洋、印度洋一带航行的几乎都是中国的四桅远洋海船。中国在航海船舶方面居于世界首位，船舶的性能远远优越于阿拉伯船。元朝造船业的大发展，为明代建造五桅战船、六桅座船、七桅粮船、八桅马船、九桅宝船创造了十分有利的条件，迎来了我国造船业的新高潮。

据一些考古的新发现和古书上的记载，明朝时期造船的工场分布之广、规模之大、配套之全，是历史上空前的，达到

造船业的发展历程

郑和航海馆前郑和雕塑

了我国古代造船史上的最高水平。主要的造船场有南京龙江船场、淮南清江船场、山东北清河船场等，规模都很大。明朝造船工场有与之配套的手工业工场，加工帆篷、绳索、铁钉等零部件，还有木材、桐漆、麻类等的堆放仓库。当时造船材料的验收，以及船只的修造和交付等，也都有一套严格的管理制度。正是有了这样雄厚的造船业基础，才会有明朝的郑和七次下西洋的远航壮举。

郑和船队的宝船，大者长达44丈，宽18丈。中等船也有37丈长，15丈宽。难怪有位目击者形容宝船"体势巍然，巨无与敌，篷帆锚舵，非二三百人莫能举动"。当时先进的航海和造船技术包括水密隔舱、罗盘、计程法、测探器、牵星板以及线路的记载和海图的绘制等，应有尽有。

总之，在经过秦汉时期和唐宋时期两个发展高峰以后，明朝的造船技术和工艺又有了很大的进步，登上了我国古代造船史的顶峰。明朝造船业的伟大成就，久为世界各国所称道，也是我国各族人民对世界文明的巨大贡献。只是到欧洲资本主义兴起和现代机动轮船出现以后，我国在造船业上享有的长久优势才逐渐失去。

六、造纸业的发展历程

造纸术是我国古代科学技术的四大发明之一，它与指南针，火药，印刷术一起，为我国古代文化的繁荣提供了物质技术的基础。纸的发明结束了古代简牍繁复的历史，大大地促进了文化的传播与发展。

在上古时代，主要依靠结绳记事，以后渐渐发明了文字，开始用甲骨作为书写材料。后来又利用竹片和木片以及缣帛作为书写材料。但缣帛太昂贵，竹片太笨重，都不是理想的书写材料，直到最后纸的发明。

据考证，我国西汉时已开始了纸的制作。1957年，在西安东郊灞桥附近的一座西汉古墓中，出土了一叠纸片，有大有小，最大的

古法造纸场遗址

西汉开始纸的制作

有 1010 厘米，最小的有 34 厘米，米黄色，它们被称之为"灞桥纸"。经过反复科学检验，发现它主要是由大麻和少量苎麻的纤维制成的，也就是说，这是"植物纤维纸"。这座古墓最迟不晚于汉武帝时，即公元前 140－公元前 87 年。之后在新疆的罗布淖尔和甘肃的居延等地都发掘出了汉代的纸的残片。由此可以断定，在两千多年前，即公元前 2 世纪，我国已经生产并使用植物纤维纸了。

到东汉时期，出了位造纸技术的革新家——蔡伦，它为造纸技术的发展作出了历史性的贡献。蔡伦，字敬仲，桂阳（今

油纸伞

湖南郴州市）人，在明帝、章帝、和帝时期做宦官。东汉章和元年（87 年），任尚方令，这是一个掌管宫廷作坊的职务，这使他有机会接触造纸行业，改革造纸工艺。后来他于元兴元年（105 年）发明了造纸术，奠定了整个传统的造纸工业。

他造的纸被称为"蔡侯纸"。在原料上，采用了树皮、麻头、破布、旧渔网等，既有利于提高纸张的质量，也降低了生产成本。特别是采用树皮作为原料之一，这是一个重要的突破，既为古代造纸开辟了更为广阔的原料来源，也开辟了现代木浆造纸的先河。对原料的处理上，可能已经有了加入石灰浆升温促烂与蒸煮等工艺。

但我们也应该看到，纸的发明虽很早，但一开始并没有得到广泛应用，政府文书仍是用简牍、缣帛书写的。至汉献帝时，又出了一位造纸能手——左伯，他对以往的造纸方法作了改进，进一步提高了纸张质量。他造出来的纸厚薄均匀，质地细密，色泽鲜明，其中尤以五色花笺纸、高级书信纸为上，当时人们称这种纸为"左伯纸"。可惜历史上没有把左伯所用的原料和制造方法记载下来。

魏晋南北朝时期纸广泛流传，普遍为人们所使用，造纸技术进一步提高，造纸区域也由晋以前集中在河南洛阳一带而逐渐扩散到其他地方，产量与日俱增，质量大为提高。造纸原料多样化，纸的名目繁多，如竹帘纸，纸面有明显的纹路，其纸紧薄而匀细。剡溪有以藤皮为原料的藤纸，纸质匀细光滑，洁白如玉，不留墨。东阳有鱼卵纸，又称鱼笺，柔软、光滑。江南以稻草、麦秆纤维造纸，呈黄色，质地粗糙，难以书写。北方以桑树茎皮纤维造纸，质地优良，色泽洁白，轻薄软绵，拉力强，纸纹扯断如棉丝，所以称棉纸。

造纸技术革新家——蔡伦

造纸业的发展历程

为了延长纸的寿命，晋时已发明染纸新技术，即从黄檗中熬取汁液，浸染纸张，有的先写后染，有的先染后写。浸染的纸叫染潢纸，呈天然黄色，所以又叫黄麻纸。黄纸有灭虫防蛀的功能。

隋唐时期，著名的宣纸诞生了。在宣纸的主要产地安徽宣州有这么一个传说：蔡伦的徒弟孔丹，在皖南以造纸为生，他一直想制造一种特别理想的白纸，用来替师傅画像修谱。但经过许多次的试验都不能如愿以偿。一次，他在山里偶然看到有些檀树倒在山涧旁边，因年深日久，被水浸蚀得腐烂发白。后来他用这种树皮造纸，终于获得成功。由此可以断定：利用树皮制造宣纸，在唐朝时

蔡伦墓祠

书画所用的宣纸

候就比较盛行了。唐代写经的硬黄纸，五代和北宋时的澄心堂纸等，都是属于熟宣纸一类。此后宣纸一直是书写、绘画不可缺少的珍品，到明清以后，中国书画几乎全用宣纸。

同时，雕版印刷术的发明，也大大刺激了造纸业的发展，造纸区域进一步扩大，名纸迭出，如益州的黄白麻纸，杭州、婺州、衢州、越州的藤纸，均州的大模纸，蒲州的薄白纸，宣州的宣纸、硬黄纸，韶州的竹笺，临州的滑薄纸。唐代各地多以瑞香皮、栈香皮、楮皮、桑皮、藤皮、木芙蓉皮、

古时的纸纸质柔软，纤维明显

青檀皮等韧皮纤维作为造纸原料，这种纸纸质柔韧而薄，纤维交错均匀。

唐代在前代染黄纸的基础上，又在纸上均匀涂蜡，使纸光泽莹润，人称硬黄纸。还有一种硬白纸，把蜡涂在原纸的正反两面，再用卵石或弧形的石块碾压摩擦，使纸光亮、润滑、密实、纤维均匀细致，比硬黄纸稍厚，人称硬白纸。另外还有填加矿物质粉和加蜡而成的粉蜡纸。在粉蜡纸和色纸基础上经加工出现金、银箔片或粉的光彩的纸品，称作金花纸，银花纸或金银花纸，又称冷金纸或洒金银纸。还有颜色和花纹极为考究的砑花纸，它是将纸逐幅在刻有字画的纹版上进行

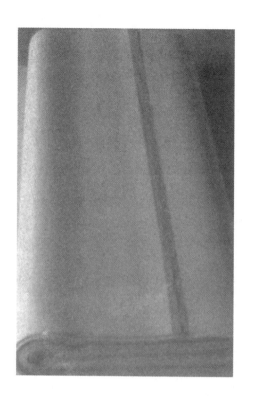

唐代由于制纸技艺的改善，已经能造出大量的宣纸

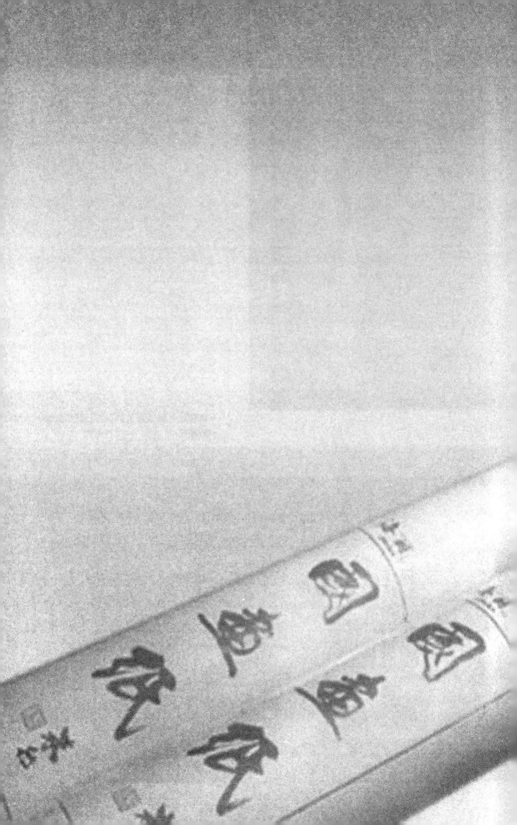

染色纸

磨压，使纸面上隐起各种花纹，又称花帘纸或纹纸，当时四川产的砑花水纹纸鱼子笺，备受文人雅士的欢迎。另外，还出现了经过简单再加工的纸，著名的有薛涛笺、谢公十色笺等染色纸，金粟山经纸，以及各种各样的印花纸、松花纸、杂色流沙纸、彩霞金粉龙纹纸等。

五代制纸业仍继续向前发展，歙州制造的澄心堂纸，直到北宋一直被公认为是最好的纸，此纸"滑如春水，细密如蚕茧，

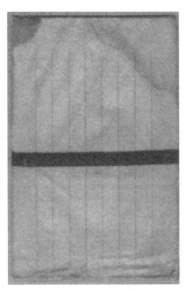

笺纸

坚韧胜蜀笺，明快比剡楮"。这种纸长者可五十尺为一幅，自首至尾匀薄如一。

宋代继承了唐和五代的造纸传统，出现了很多质地不同的纸张，纸质一般轻软、薄韧，上等纸全是江南制造，也称江东纸。纸的再利用开始于南宋，以废纸为原料再造新纸，人称还魂纸或熟还魂纸，具有省料、省时、见效快的特点。元代造纸业凋零，只在江南还勉强保持昔日的景象。

到了明代，造纸业才又兴旺发达起来，主要名品是宣纸、竹纸、宣德纸、松江潭笺。清代宣纸制造工艺进一步改进，成为家喻户晓的名纸。各地造纸大都就地取材，使用各种原料，制造的纸张名目繁多，在纸的加工技术方面，如施胶，加矾，染色，涂蜡，砑光，洒金，印花等工艺，都有进一步的发展和创新。各种笺纸再次盛行起来，在质地上推崇白纸地和淡雅的色纸地，颜色以鲜明静穆为主。康熙，乾隆时期的粉蜡笺，如描金银图案粉蜡笺、描金云龙考蜡笺、五彩描绘砑光蜡笺、印花图绘染色花笺，是三色纸上采用粉彩加蜡砑光，再用泥金或泥银画出各种图案而成。笺纸的制作在清代已达到精美绝伦的程度。

七、古代其他手工业

我国古代手工业发展历史悠久，产生了很多手工业部门，除了以上介绍的一些主要部门外，还有很多手工业部门也在古代社会生活中扮演着重要的角色，例如车辆制造、建筑、兵器、漆器、煮盐、酿酒、制糖、乐器、玉器雕刻、玩具等等，限于篇幅，仅举其中几例简单介绍一下。

（一）漆器业

用漆涂在各种器物的表面上所制成的日常器具及工艺品、美术品等，一般称为"漆器"。中国古代漆器的"漆"，是从漆树上采割下来的天然液汁，漆层在潮湿条件下干燥，固化后表面非常坚硬，有耐酸、耐碱、耐磨的特性。我们祖先制作的优美绝伦的漆器，

汉代漆器

红漆碗

象陶瓷、丝绸一样，是民族文化的瑰宝。

　　在中国，从新石器时代起就认识了漆的性能并用以制器，河姆渡遗址中曾出土过红漆碗。在战国时期，漆器业独领风骚，形成长达五个世纪的空前繁荣。据记载，庄子年轻时曾经做过管理漆业的小官。战国时漆器生产规模已经很大，被国家列入重要的经济收入，并设专人管理。漆器生产工序复杂，耗工耗时，品种繁多，用于多种用途。这时的漆器很昂贵，但新兴的诸侯不再热衷于青铜器，而把兴趣转向光亮洁净、体轻、隔热、耐腐、色彩丰富的漆器，在一定程度上漆器取代了青铜器。

战国时期在漆器史上是一个有重大发展的时期，器物品种及数量大增，在胎骨做法、造型及装饰技法上均有创新，出现了采用夹纻技术的精巧漆器。

秦汉漆器工艺基本上继承了战国的风格，但有新的发展，生产规模更大，产地分布更广。同时，还开创了新的工艺技法，如多彩、针刻、铜扣、贴金片、玳瑁片、镶嵌、堆漆等多种装饰手法。

魏晋、南北朝发明"脱胎"漆器：先用泥制成底胎，外面缠绕细绳或麻布，布胎上涂漆彩绘进行装饰，干燥后捣去泥胎便成为

战国彩绘龙凤纹漆内棺

唐代漆器

中空的纯漆制品，质轻耐腐，常用以造大型塑像或花瓶等。

唐代漆器达到了空前的水平，有用稠漆堆塑而成的凸起花纹的雕漆；有用贝壳裁切成物象，上施线雕，在漆面上镶嵌成纹的螺钢器；有用金、银花片镶嵌而成的金银平脱器。工艺超越前代，精妙绝伦，成为代表唐代风格的一种工艺品。

宋元时，剔红又叫"雕红"，刀法圆熟，打磨细腻，颜色鲜艳，图画逼真。浙江嘉兴的张成、杨茂二家雕红在元代最为著名。新创了"创金"法，在漆底上刻好花纹图案，

清代漆碗

再填入金银粉，压打磨光后，显示出不同于金银平脱的独特的光彩，嘉兴彭君宝以此著称。

明代设御用漆器作坊——果园厂，产品齐全，制作精致，新发展混金、贴金等技法。南京设漆园，植漆树千万株。

清代嘉庆、道光年间扬州漆器名噪一时，漆工卢葵生最著名，有镶嵌、雕刻、造像等作品传世。晚清生产逐渐没落，许多技法失传。

中国古代漆器及技术很早就流至国外，不单亚洲，连欧洲也吸收中国风格而形成混合的"罗可可"艺术风格。发达的漆器生产和卓绝的工艺技法显示了中国古代人民在化学工艺和工艺美术方面高超的智慧和杰出的创造才能。

（二）制盐业

我国有着悠久的制盐史，是产盐最早的国家，制盐业在古代是十分重要的手工业生产部门。

盐业历史博物馆

早在春秋时期，齐国的海盐煮造业与晋国河东池盐煮造业已相当兴盛，当时河东的盐池被人们视作"国之宝"。到了战国时代，煮盐业规模进一步扩大，除齐国外，燕国也成为著名产盐区。魏国的河东池盐煮造业也更为发达，行销范围进一步扩大。与此同时，秦吞并巴蜀后，李冰做蜀郡守时，四川的井盐也已经开始开发。

汉代的盐包括海盐、池盐、井盐、岩盐数种。沿海地区以海盐为主，东南沿海是海盐的生产基地，尤其是山东地区。山西地区产池盐、四川则有井盐、岩盐的生产。制盐的方法分煮与晒两种。煮盐法是将咸水蒸浓煎制而成，是最普遍的制盐法，其生产工具是铁制牢盆。晒盐法是借日光热能将咸水蒸发生产出食盐。在四川的井盐生产中先凿井取卤，然后设灶煎制，当时因四川天然气被发现，人们已经把天然气用于煮盐，这在生产技术上是一个进步。

据宋应星的《天工开物》记载，明朝时晒盐技术取代了煮盐技术，书中还有很多关于井盐的生产技术和器具的记载。

自春秋战国时期管仲出任齐相起，我国开始实行盐铁专卖制度。到秦朝和西汉初年，盐铁专卖实际上是废除了。汉初制盐业主要由私人经营，生产规模很大，往往一家盐场用工多达上千人，许多盐商富比公侯。汉武帝时期，禁止私营，执行政府垄断食盐产销的政策，在全国产盐的郡县设置了盐官，负

制盐工具

自贡盐业历史博物馆

责盐的。具体办法是盐民自行煮盐，官府提供制盐工具，产品由官府作价收购实行专卖。后来盐业政策屡有变化，中央政府基本上对盐业采取放任政策，允许民间自行煮盐出售，官府仅收取一定盐税。因此汉代盐业私营一直十分发达。

东汉时取消盐铁专卖，实行征税制。三国、两晋时注重专卖，南北朝时征税制复起。隋至唐前期，取消盐的专税，和其他商品一样收市税。唐安史之乱后，财政困难，盐专卖又开始实行。此后历朝历代，都加强了盐专卖。盐，一直是历代封建政

我国有着悠久的酿酒历史

府牢牢掌握的最重要的专卖商品，其收入是历代政府的重要财源。

（三）酿酒业

我国酿酒的历史十分悠久，可以追溯到新石器时代中期以前。大汶口遗址出土高柄陶酒杯、滤酒缸，仰韶遗址发掘了小口圆肩小底瓮、尖底瓶、细颈壶等酒具都证明了这一点。

夏代酿酒技术有了进一步发展，出现了两位酿酒大师，一是夏禹时期的仪狄，一是第七代君主少康，他发明了秫酒。二里头遗址随葬陶器中占比例最大的是酒器，其次才是炊器和食器，可见酒在夏代人生活中的地位和作用。

商代酿酒业十分发达，青铜礼器上也体现出了重酒的倾向。1973 年，河北的商代遗址中，发现了商代酿酒的作坊、酒器。河南罗山天湖晚商息族墓葬则出土了一密封良好的青铜卣，内装古酒，历经几千年，依然带有果香气味。

周朝酒的品种丰富，《周礼·酒正》提到的饮料，有四饮，五齐，三酒；《礼记》中也记载有醴酒、澄酒、粢堤、清酌等等。

战国时代，楚国酒风十分昌盛。1974 年在河北平山县战国中山王墓中发掘出两

酿酒作坊

老酒

壶战国时代有名的"中山清酤"酒，经专家化验，含有乙醇、脂肪、糖等十三种成分，距今约 2200 多年，是当今世界上发现最古老的酒之一。

汉魏南北朝是我国酒业发展的一个重要阶段，这时期酒业迅速发展，开始懂得使用酒曲造酒，酿酒工艺大为改进，酒的度数提高了，酒的品种也迅速增多。时人还认识到了酒的药用功能。

唐宋酒业，在前人的基础上不断创新与改进，制曲技术、酿造技术，在理论上和工艺上都有了很大突破，出现了《北山酒经》，这是继《齐民要术》之后最有价值的酿酒著作。1975 年 12 月，在河北省青龙县土门子乡，

酿酒作坊

坛酒

烧酒

发掘了一套金代黄铜蒸馏器,俗称"烧酒锅",敦煌壁画中也有西夏时期酿酒蒸馏图,这都反映了宋代已经掌握了蒸馏酒的技术。元酒的一大贡献则是推广了烧酒。

明清酒业在制曲技术之高、酿酒技术之精、规模之大、品类之众、理论总结之全面而系统方面,大大超过了历代。明清时代,我国酿酒已经形成了南酒、北酒两大体系,各有特色和名酒。南酒是南方风味酒,尤以江、浙、皖一代最为有名,明清南酒主要是以绍兴酒为首的黄酒系统;北酒以京、冀、晋、鲁、豫、陕等产地为佳,明清北酒虽然也有米酒,但以烧酒为代表。

八、手工业著作

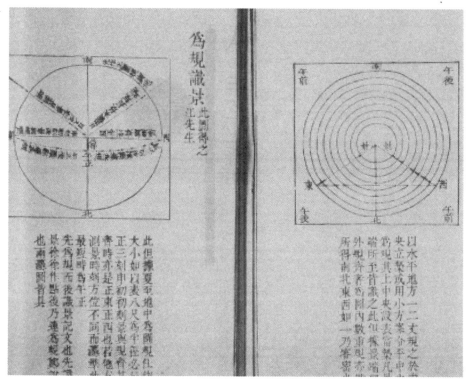

《考工记》成书于战国时期

战国时期，我国出现了一部手工业技术专著——《考工记》，它对整个先秦时期的手工业生产技术进行了汇集、提炼、总结，并为接下来的手工业生产提供了指导、规范和推进。由于统治阶级长期的重农抑商政策，知识分子重经书、科举，轻视实践、技术，此后 2000 余年竟然再也没有出现一部系统论述手工业的专著。直到 1636 年，明朝宋应星写出了《天工开物》，才填补了科技史上的空白。清代，由于文化专制主义等原因，不再有重要的科技专著出现。因此，这两本书就成了中国封建社会手工业专著中仅有的双璧。

（一）《考工记》

我国古代的手工业虽然在整个社会中所占的比重不大，但是它产生的效益极大。手工业要求的科技含量特别高，勤劳智慧的中华民族尤其擅长这一行业。从原始社会到战国时期，他们掌握了高超精湛的技艺，创造了辉煌的成就，而《考工记》的出现就是这一时期成就的标志。

《考工记》是我国较早的手工业技术专著

《考工记》原是战国时期一部独立的手工业专著。现在大多数学者认为它是一部齐国政府制定的指导、监督和考核官府手工业、工匠劳动制度的书。该书主体内容编纂于春秋末至战国初，部分内容补于战国中晚期。汉代因为《周礼》缺了《冬官》部分，河间献王刘德便取了《考工记》补作《冬官》，故《考工记》又称《周礼·考工记》。

《考工记》篇幅并不长，但记载的范围非常广。全文约7000多字，记述了木工、金工、皮革工、染色工、玉工、陶工等6大类，30个工种，其中6种已失传，后又衍生出1种，实存25个工种的内容。书中分别介绍了车舆、

《考工记》内图解文字

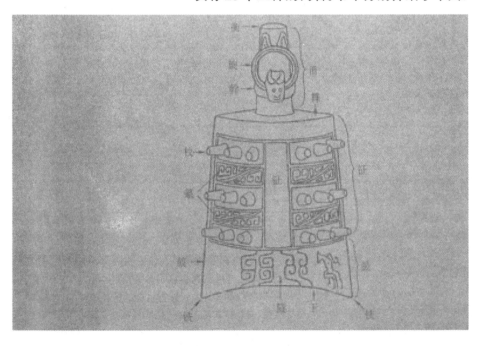

《考工记》为建筑学等领
域提供了经验指导

宫室、兵器以及礼乐之器等的制作工艺和
检验方法，涉及数学、力学、声学、冶金学、
建筑学等方面的知识和经验总结。清代学
者戴震著有《考工记图》、程瑶田著有《考
工创物小记》等有关研究著作。

　　《考工记》一定程度上反映了先秦时
期人们的思想观念，在中国科技史、工艺
美术史和文化史上都占有重要地位。

　　（二）《天工开物》

　　《天工开物》是世界上第一部关于农

业和手工业生产的综合性科学技术著作，作者是明朝科学家宋应星。它对中国古代的各项技术进行了系统的总结，构成了一个完整的科学技术体系。

《天工开物》的书名取自《易·系辞》中"天工人其代之"及"开物成务"。全书内容按照"贵五谷而贱金玉"的顺序编排，分上、中、下三卷，又细分做十八卷。全书详细叙述了各种农作物和工业原料的种类、产地、生产技术和工艺装备，以及一些生产组织经验，既有大量确切的数据，又绘制了123幅插图。上卷记载了谷物豆麻的栽培和加工方

《开工天物》中记载了许多实用的农业技术

法，蚕丝棉苎的纺织和染色技术，以及制盐、制糖工艺。中卷内容包括砖瓦、陶瓷的制作，车船的建造，金属的铸锻，煤炭、石灰、硫磺、白矾的开采和烧制，以及榨油、造纸方法等。下卷记述金属矿物的开采和冶炼，兵器的制造，颜料、酒曲的生产，以及珠玉的采集加工等。

《天工开物》具有珍贵的历史价值和科学价值。如在"五金"卷中，宋应星是世界上第一个科学地论述锌和铜锌合金（黄铜）的科学家。他明确指出，锌是一种新金属，并且首次记载了它的冶炼方

《开工天物》记录了劳动人民的智慧

《开工天物》是世界上第一部关于农业和手工业生产的科学技术著作

《天工开物》在植物栽培方面提供了许多指导性经验

水稻种植

法。这是我国古代金属冶炼史上的重要成就之一，它使中国在很长一段时间里成为世界上唯一能大规模炼锌的国家。宋应星记载的用金属锌代替锌化合物（炉甘石）炼制黄铜的方法，是人类历史上用铜和锌两种金属直接熔融而得黄铜的最早记录。

在生物学方面，他在《天工开物》中记录了农民培育水稻、大麦新品种的事例，研究了土壤、气候、栽培方法对作物品种变化的影响，又注意到不同品种蚕蛾杂交引起变异的情况，说明通过人为的努力，可以改变动植物的品种特性，把我国古代科学家关于生态变异的认识推进了一步，为人工培育新品种提出了理论根据。

《天工开物》出版发行后在国内一直没有引起关注，甚至因为满清文字狱而一度接近失传。但是"墙内开花墙外香"，《天工开物》先是在17世纪末传入日本，在日本的学界大受欢迎，形成了一门"开物

成熟的庄稼

蔬菜种植

饱满的稻穗

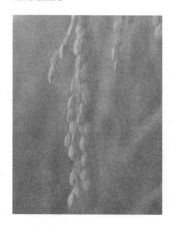

之学"，后传入朝鲜和欧洲，广受关注，各种文字的《天工开物》译本十分流行，被国外学者公认为"中国 17 世纪的工艺百科全书"，宋应星也被称为中国的"狄德罗"。

古代手工业